Peter Badura
Die parteienstaatliche Demokratie und die Gesetzgebung

Schriftenreihe
der
Juristischen Gesellschaft zu Berlin

Heft 101

1986

Walter de Gruyter · Berlin · New York

Die parteienstaatliche Demokratie und die Gesetzgebung

Von
Peter Badura

Vortrag
gehalten vor der
Juristischen Gesellschaft zu Berlin
am 30. April 1986

W
DE
G

1986
Walter de Gruyter · Berlin · New York

Dr. iur. Peter Badura
Professor für Öffentliches Recht, Rechts- und Staatsphilosophie
in der Universität München

CIP-Kurztitelaufnahme der Deutschen Bibliothek

Badura, Peter:
Die parteienstaatliche Demokratie und die
Gesetzgebung ; Vortrag, gehalten vor
d. Jur. Ges. zu Berlin am 30. April 1986 /
von Peter Badura. –
Berlin; New York : de Gruyter, 1986.
(Schriftenreihe der Juristischen Gesellschaft zu
Berlin ; H. 101)
ISBN 3 11 011073 3

NE: Juristische Gesellschaft ⟨Berlin, West⟩: Schriftenreihe der Juristischen Gesellschaft e. V. Berlin

1. Staatsaufgaben und Gesetzgebung

a) Der Gesetzgeber bestimmt die Staatsaufgaben

Ein berühmtes Buch des 18. Jahrhunderts beginnt mit dem Satz: „Die Gesetze, in der weitesten Bedeutung dieses Begriffes, sind die notwendigen Beziehungen, die aus der Natur der Dinge hervorgehen, und in diesem Sinne haben alle Wesen ihre Gesetze; die Gottheit hat ihre Gesetze; die stoffliche Welt hat ihre Gesetze; die dem Menschen überlegenen Intelligenzen haben ihre Gesetze; die Tiere haben ihre Gesetze; der Mensch hat seine Gesetze.“ Montesquieu hatte seinem Werk in den ersten Ausgaben den etwas erweiterten Titel gegeben: „Über den Geist der Gesetze oder die Beziehung, welche die Gesetze zu der Verfassung jeder Herrschaftsform, den Sitten, dem Klima, der Religion, dem Handel etc. aufweisen müssen.“ Dies ist ein großes Programm für einen Autor, und Montesquieu hat seiner Ausführung 39 Bücher gewidmet.

Unsere Zeit kennt eine wissenschaftliche Fragestellung, die dem ersten Anschein nach ein ähnliches Programm verfolgt, nämlich die „Gesetzgebungslehre“ oder „Gesetzgebungswissenschaft“[1]. Wenngleich die bisherigen Beiträge dieser interdisziplinären Wissenschaft eine gewisse Vorliebe für das Verfahren und die praktisch-technische Seite der Gesetzgebung verraten, gehören doch auch die politischen und staatsrechtlichen Fragen der „Gesetzgebung im Rechtsstaat“[2] und einer Theorie der Gesetzgebung zu ihr oder doch jedenfalls zu ihren Grundlagen. Dieser Weg führt ohne

---

[1] *P. Noll*, Gesetzgebungslehre, 1973; *J. Rödig / E. Baden / H. Kindermann*, Vorstudien zu einer Theorie der Gesetzgebung, 1975; *J. Rödig* (Hrsg.), Studien zu einer Theorie der Gesetzgebung, 1976; *G. Schwerdtfeger*, Optimale Methodik der Gesetzgebung, in: Festschrift für Hans Peter Ipsen, 1977, S. 173; *H. Kindermann*, Ministerielle Richtlinien der Gesetzestechnik, 1979; *H. Schneider*, Gesetzgebung, 1982; *H. Hill*, Einführung in die Gesetzgebungslehre, 1982; *W. Hugger*, Gesetze – ihre Vorbereitung, Abfassung und Prüfung, 1983; *W. Maihofer* u. a., Theorie und Methoden der Gesetzgebung, 1983; *Th. Fleiner-Gerster*, Wie soll man Gesetze schreiben?, 1985; *U. Karpen*, Zum gegenwärtigen Stand der Gesetzgebungslehre in der Bundesrepublik Deutschland, ZG 1, 1986, S. 5; *W. Schreckenberger* (Hrsg.), Gesetzgebungslehre, 1986.

[2] *K. Eichenberger / R. Novak / M. Kloepfer*, Gesetzgebung im Rechtsstaat, VVDStRL 40, 1982.

Umweg sogleich zu den Hauptschriften der Staatsrechtslehre, z. B. zu der Abhandlung von Gerhard Anschütz „Die gegenwärtigen Theorien über den Begriff der gesetzgebenden Gewalt und den Umfang des königlichen Verordnungsrechts nach preußischem Staatsrecht" (1900).

Sollte heutzutage eine Theorie über den Begriff der gesetzgebenden Gewalt versucht werden – und solche Versuche gibt es eigentlich nur mit dem vornehmlich rückwärts gerichteten Blick der Dogmengeschichte[3] –, müßte ohne Zweifel der parteienstaatliche Charakter der parlamentarischen Demokratie als der politische Kern der gesetzgebenden Gewalt einen Hauptpunkt ausmachen. Zu den Prolegomena einer so vorstellbaren Theorie – einer Theorie für die Theorie, aber auch für die Praxis – soll das heutige Thema gehören: „Die parteienstaatliche Demokratie und die Gesetzgebung".

Mit vollem Recht ist gesagt worden, daß ohne Berücksichtigung der Gesetzmäßigkeiten des Parteienstaates jede Gesetzgebungslehre blutleer und wirklichkeitsfremd bleiben muß[4]. Daraus folgt, daß es eine zu abstrakte Fragestellung ist, Gesetzgebungslehre als eine Rechtsnormen aller Art erfassende „Rechtsetzungswissenschaft" aufzufassen[5]. Gesetzgebung im Sinne des Staatsrechts und der Verfassungspolitik ist die Rechtsetzung durch die parlamentarische Volksvertretung in der Form des Gesetzes. Durch das Gesetz wird in der parlamentarischen Demokratie über die Art und Erledigung der Staatsaufgaben entschieden und werden die Rechte und Pflichten der einzelnen geordnet.

Die Gesetzgebung ist im heutigen Rechtsstaat durch zwei Hauptgedanken bestimmt, die nicht nur dogmatischen oder theoretischen Wert haben, sondern das praktische Grundgesetz für Frieden und Gerechtigkeit in einem verfassungsrechtlich geordneten Zusammenleben sind:

Erstens: Unsere Verfassung kann eine rechtsstaatliche Verfassung nur bleiben, wenn sie der sozialen Staatsaufgabe gerecht wird und wenn sie sich als Verfassung der politischen Freiheit zu behaupten vermag. Diese drei Punkte sind verbunden und müssen verbunden bleiben. Denn wenn einer dieser Punkte Not leidet, kann das Ganze nicht gedeihlich sein.

Der zweite Grundgedanke ist, daß der Rechtsstaat auf gewissen institutionellen Voraussetzungen beruht. Er ist der Staat der Freiheit, aber die

[3] *M. Imboden*, Das Gesetz als Garantie rechtsstaatlicher Verwaltung, 1962; *D. Jesch*, Gesetz und Verwaltung, 2. Aufl., 1968; *E.-W. Böckenförde*, Gesetz und gesetzgebende Gewalt, 2. Aufl., 1981; *R. Grawert*, Gesetz und Gesetzgebung im modernen Staat, JURA 1982, 247, 300.
[4] *H. Schulze-Fielitz*, Auf Wegen zu einer Gesetzgebungswissenschaft, ZG 1, 1986, S. 87/94.
[5] So *U. Karpen* aaO. (Anm. 1), S. 6.

Freiheit für sich allein ist abstrakt. Es bedarf der Institutionen, die in der Lage sind, in einer realistischen und durchsetzbaren und akzeptablen Weise, die Bedingungen des freien Zusammenlebens zu schaffen und zu sichern. Nach unserer Verfassung können das nur die Institutionen der parlamentarischen Demokratie sein. Die Arbeitsfähigkeit und die Vernunft dieser Institutionen sind die Voraussetzungen der gesetzmäßigen Freiheit, die jedermann durch die Verfassung versprochen wird. Auf dem Gesetz – und damit auf der Leistungsfähigkeit der parlamentarischen Volksvertretung und des demokratischen Parteienstaates – ruhen die Sicherung von Freiheit und Eigentum und ebenso die sozialstaatliche Garantie von Arbeit und sozialer Sicherheit.

Ein Werkzeug, das in neuerer Zeit zu Hilfe genommen worden ist, um die Rationalität der Gesetzgebung zu erhöhen, sind Richtlinien der Gesetzestechnik[6]. Durch Beschluß der Bundesregierung vom 11. Dezember 1984 sind mit dem Ziel, das Recht zu vereinfachen und Überreglementierungen zu vermeiden, zehn „Prüffragen" zur Notwendigkeit, Wirksamkeit und Verständlichkeit von Rechtsetzungsvorhaben des Bundes als Richtlinie für die Ressorts aufgestellt worden[7]. Die Bundesminister des Innern und der Justiz haben dazu auftragsgemäß einen Fragenkatalog zur Verfügung gestellt, eine Art Check-Liste, die vor allem mit den Prüfpunkten zur Erforderlichkeit der beabsichtigten Regelung und zur Notwendigkeit einer Regelung gerade durch Gesetz weit über bloß äußerliche Gesetzestechnik hinausgeht. Diese legislatorische Prüfung eines Rechtsetzungsvorhabens hat eine selbständige Bedeutung neben der dem Bundesminister der Justiz obliegenden Prüfung der „Rechtsförmlichkeit" gem. § 38 GGO II[8]. Klaus König gibt dazu folgende Erläuterung: „Die Grundstruktur des Fragenkatalogs ist angelehnt an Auffassungen vom politischen Prozeß als eines Prozesses der Bearbeitung gesellschaftlicher Probleme, in dem Mißstände artikuliert, als Forderungen an die politischen Instanzen herangetragen werden, in dem politische Ziele formuliert und Handlungsmöglichkeiten entwickelt und in Form von Rechtsnormen verbindlich festgelegt werden, um sodann über die Verwaltungen von Bund, Ländern und Gemeinden vollzogen oder vom Bürger direkt als Handlungsanweisung akzeptiert zu werden"[9].

---

[6] Siehe z. B. die Richtlinien der Gesetzgebungstechnik, hrsg. von der Schweizer. Bundeskanzlei und der Eidgenössischen Justizabteilung, Sept. 1976. – Dazu *H. Kindermann,* Ministerielle Richtlinien, aaO. (Anm. 1), S. 16 ff.

[7] Siehe Anhang.

[8] Dazu *H. Schneider* aaO. (Anm. 1), S. 68.

[9] *K. König,* Zur Überprüfung von Rechtsetzungsvorhaben des Bundes, MS, S. 16.

8

Daß mit alledem eine bestimmte Theorie der Gesetzgebung, wenn auch vielleicht in pragmatischer Verkürzung, vorausgesetzt wird, ist leicht erkennbar. „Im Gesetzgebungsprozeß werden" – so wird gesagt – „Informationen politischen Wertungen unterworfen, Konflikte kleingearbeitet, Kompromisse gemacht, Interessen ausgeglichen und Konsens gesucht und oft auch Kausalitäten geleugnet." Danach ist klar, daß der Promotor derartiger Richtlinien der Gesetzgebungstechnik sich der möglichen, aber begrenzten Reichweite dieser Rationalitätsgewähr bewußt bleibt und weniger eingesteht als fordert, daß jede Gesetzgebungslehre „den Primat der Politik zu akzeptieren" hat[10].

Es ist aufschlußreich, dem das Postulat Hans Heinrich Rupps gegenüberzustellen: „Eine eminent politische Anforderung an die Gesetzgebungslehre müßte... dahin gehen, Vorschläge und Empfehlungen dafür zu machen, wie jene Dauerhaftigkeit, Verläßlichkeit und Beständigkeit des Gesetzes erreicht werden könnte", die dem Gesetz nach verfassungspolitischer Vernunft und nach der Rechtstradition abzuverlangen ist[11]. Noch einen Schritt weiter geht Hans Herbert von Arnim, der eine „Verfassungspflicht des Staates zur Rationalität" postuliert[12]. Kann es eine politiktranszendente Rationalität des Gesetzes in der parteienstaatlichen Demokratie geben, eine Rationalität der „notwendigen Beziehungen, die aus der Natur der Dinge hervorgehen"?

b) Sozialgestaltung durch Gesetz

Der „Primat der Politik" und die „Gesetzmäßigkeiten des Parteienstaates" als Funktionsbedingungen der Gesetzgebung zwingen die theoretische Betrachtung, auf eine allgemeine Bestimmung und inhaltliche Vorwegnahme des Gesetzesbegriffs zu verzichten. Gesetz und gesetzgebende Gewalt sind „staatsrechtliche Begriffe, die auf eine bestimmte, aber eben wandelbare verfassungsrechtliche und politische Situation bezogen und von dieser nicht ablösbar sind"[13]. Kriterien der inhaltlichen Richtigkeit des Gesetzes ergeben sich aus der Verfassung, können aber nicht aus den – notwendig formalen – Begriffen der Gesetzgebung und des Gesetzes abgeleitet werden[14]. Der umfassenden Sozialgestaltungsaufgabe des demo-

---

[10] Beide Zitate bei *K. König* aaO. (Anm. 9), S. 13.
[11] *H. H. Rupp*, Politische Anforderungen an eine zeitgemäße Gesetzgebungslehre, in: *W. Schreckenberger* (Hrsg.), Gesetzgebungslehre, 1986, S. 42/48.
[12] *H. H. von Arnim*, Staatslehre der Bundesrepublik Deutschland, 1984, S. 232 ff.
[13] *E.-W. Böckenförde*, Gesetz und gesetzgebende Gewalt, 2. Aufl., 1981, S. 332.
[14] *E.-W. Böckenförde* aaO. (Anm. 13), S. 381 (Nachwort).

kratischen Staates korrespondiert mit innerer Notwendigkeit der instru-
mentelle Charakter des Gesetzes.

Eine wie auch immer vorzustellende „Allgemeinheit" des Gesetzes, die
unter den Bedingungen des liberalen Gesetzesstaates als vernunftrechtli-
che Richtigkeitsgewähr des Gesetzes postuliert werden konnte, verliert
unter den Bedingungen der sozialstaatlichen Demokratie ihren Sinn.
Auch in der sozialstaatlichen Demokratie ist das Gesetz durch die Verfassung auf die Rechtsidee, auf Gerechtigkeit und Rechtssicherheit, ver-
pflichtet. Aber gerade die Staatszielbestimmung der sozialen Gerechtigkeit, die zugleich institutionell in der demokratischen Staatsform begründet ist, benötigt das Gesetz als Werkzeug der Politik. Sie legt demzufolge
das Gesetz in die Hand der politischen Parteien. Der staatsrechtliche
Begriff und die verfassungsrechtlichen Maßstäbe der Gesetzgebung können nicht getrennt von dem Kampf oder „Wettbewerb" der Parteien um
die nach dem egalitären Mehrheitsprinzip vergebene Macht und um die
Bestimmung der sachlichen Ziele staatlichen Handelns definiert werden.

Diese Auffassung von Gesetzgebung und Gesetz läßt sich von den
Prinzipien der konkreten Verfassungsordnung leiten, von den demokratischen Institutionen und von der materiellen Staatsaufgabe der Sozialgestaltung. Die verfassungsrechtliche Inpflichtnahme des Gesetzgebers
durch Staatszielbestimmungen und Gesetzgebungsaufträge, auch konklu-
dent durch die Auslegung von Grundrechtsvorschriften im Sinne von
Gewährleistungen und Schutzpflichten, hat notwendig die instrumentale
Gestaltungswirkung der sozialstaatlichen Gesetzgebung zur Konsequenz.
Dieser lange erkannte verfassungspolitische Zusammenhang[15] soll hier
nicht in Richtung der materiellen Grundlinie des Sozialstaats[16] verfolgt
werden. Das heutige Thema sind vielmehr die institutionellen Bedingungen der sozialstaatlichen Gesetzgebung, die parlamentarisch-parteienstaatliche Demokratie[17]. Drei Wege sind es, auf denen weiterer Aufschluß
für dieses Thema gesucht werden soll:

Erstens: Die wohlfahrtsstaatliche Beanspruchung des Staates führt zu
der Frage der Überanstrengung des Staates und – in einer spezielleren

---

[15] *U. Scheuner*, Verantwortung und Kontrolle in der demokratischen Verfassungsordnung, in: Festschrift für Gebhard Müller, 1970, S. 381; *ders.*, Die Kontrolle der Staatsmacht im demokratischen Staat, 1977, S. 33; *W. Mößle*, Regierungsfunktionen des Parlaments, 1986, bes. S. 193 ff.

[16] Dazu *P. Badura*, Sozialstaatlichkeit und Sozialrecht, Sozialgerichtsbarkeit
1980, S. 1.

[17] Hierzu und im folgenden werden einige Gedanken aus meinem Vortrag „Der
Zustand des Rechtsstaates" beim 22. Cappenberger Gespräch (Speyer, 21. März
1986) übernommen.

Blickwendung – zu der Frage nach der Leistungsfähigkeit der politischen Institutionen angesichts der sozialstaatlichen Beanspruchung des Gesetzgebers durch verfassungsrechtliche Regelungs- und Gewährleistungspflichten. Kann eine Auslegung der Verfassung richtig sein, die eine Art unbegrenzte und im Zeitablauf praktisch verzögerungslose Arbeitskraft der Volksvertretung voraussetzt? Oder muß nicht die Verfassungsauslegung beachten, daß es Funktionsbedingungen und Funktionsgrenzen des gesetzgebenden Parlaments gibt, die zum Teil in faktischen Gegebenheiten, zum Teil aber auch darin ihren Grund haben, daß politische Entscheidungen im Parteien- und Verbändestaat auf einem Prozeß der Auseinandersetzung und Kompromißfindung beruhen, der nach Zeit und Inhalt nur in geringem Maß rechtlicher Bindung unterworfen werden kann?

Die Arbeitsanforderungen der sich entwickelnden demokratischen Politik haben schon im 19. Jahrhundert zu einer Wandlung des Parlamentarismus geführt. Die Funktionsfähigkeit der parlamentarischen Volksvertretung als Subjekt der Gesetzgebung ist davon abhängig,

– daß die Gesetzesinitiative der Regierung zusteht und auch im Regelfall durch die Regierung ausgeübt wird
– und daß die Volksvertretung durch die Ausschüsse in Arbeitseinheiten organisiert ist.

Schon gegen Ende des vorigen Jahrhunderts wurde die für Staatsleitung und Gesetzgebung kennzeichnende Entwicklung des Parlamentarismus in den Erscheinungen des Cabinet Government in England[18] und des Congressional Government by Committee in den USA[19] erkannt und staatsrechtlich untersucht[20].

Zweitens: Das Grundgesetz hat sich in Vollendung der verfassungsstaatlichen Entwicklung darauf eingelassen, daß die Verfassung auch materiell den Gesetzgeber als unmittelbar geltendes Recht bindet, und daß die Gerichte die Nachachtung dieser Bindung überprüfen dürfen und erzwingen können. Wenn man diesen Satz akzeptiert – und er ist geltendes Verfassungsrecht – ergibt sich daraus alles folgende.

Das Rechtsstaatsideal des Liberalismus und der bürgerlichen Verfassungsbewegung hatte eine andere Stoßrichtung. Es zielte auf Bindung von

---

[18] *Sidney Low*, The Governance of England, 1904.
[19] *Woodrow Wilson*, Congressional Government, 1885.
[20] *G. Jellinek*, Verfassungsänderung und Verfassungswandlung, 1906, S. 46 ff. (Wandlung der Parlamente.) Den sich verstärkenden Anteil der Volksvertretungen an der Staatsleitung untersucht *W. Mößle*, Regierungsfunktionen des Parlaments, 1986.

Regierung, Verwaltung und Justiz. Exekutive und Gerichte sollten durch
das Gesetz der aufgeklärten Vernunft unterworfen sein, wie sie durch den
Willen der Repräsentativkörperschaft ausgesprochen wurde. Der Satz des
Art. 6 der französischen Rechteerklärung von 1789: „Das Gesetz ist der
Ausdruck des allgemeinen Willens", bedeutet auch, wie es Richard
Thoma formuliert hat: „Die rechtsgestaltende Souveränität soll sich in die
Legislative zurückziehen"[21].
Diese grundsätzliche und dem Gewaltenteilungsprinzip entsprechende
Abscheidung von Vollmacht und Verantwortung wurde mit der Anerken-
nung der Doktrin von der verfassungsrechtlichen Bindung der Gesetzge-
bung durch die Grundrechte und durch die – damit verbundene –
Anerkennung des richterlichen Prüfungsrechts in eine neue Lage des
labilen Gleichgewichts von Gesetzgebung und Rechtsprechung versetzt.
Durch die folgerichtige Wandlung des Gesetzesvorbehalts führte diese
Verschiebung im Verhältnis von Gesetzgebung und Rechtsprechung zur
Neubestimmung des Grundsatzes der Gesetzmäßigkeit der Verwaltung
und zu einem labilen Gleichgewicht von vollziehender Gewalt und Rechtsprechung. Diese Erscheinungen sind so beschrieben worden: „Die verfassungspolitische Funktion des Gesetzesvorbehalts hat sich ... praktisch
umgekehrt. Richtete sich der Gesetzesvorbehalt in seiner rechtsstaatlichen
Ausprägung ursprünglich gegen die Exekutive, so wendet sich der demokratische Gesetzesvorbehalt fordernd an das Parlament, seine Gesetzge-
bungsaufgabe nicht zu vernachlässigen"[22].
Die Aporie der Verfassungsbindung des gesetzgebenden Parlaments
besteht darin, die rechtsstaatliche und demokratische Garantiefunktion
des Gesetzes mit dem Fundamentalsatz der parlamentarischen Demokratie, der politischen Gestaltungsfreiheit des Gesetzgebers, in Einklang zu
halten. Der zur politischen Entscheidung berufenen Volksvertretung muß
ein dem Grundsatz nach gegebener Spielraum darin zugestanden werden,
ob, wann und mit welchem Maß an Regelungsdichte die gesetzgebende
Gewalt ausgeübt wird. Die Wesentlichkeitstheorie, der „Parlamentsvor-
behalt" und die Anspannung des Bestimmtheitsgebots dürfen nicht zum
Danaergeschenk für das Parlament werden. Die sog. demokratische
Komponente des erweiterten Gesetzesvorbehalts sollte als politische
Maxime erkannt und nicht als Verfassungsgebot überspannt werden. Der

---

[21] *R. Thoma*, Die juristische Bedeutung der grundrechtlichen Sätze der deutschen Reichsverfassung im allgemeinen, in: *H. C. Nipperdey* (Hrsg.), Die Grundrechte und Grundpflichten der Reichsverfassung, 1930, I, S. 1/45.
[22] *F. Ossenbühl*, Der Vorbehalt des Gesetzes und seine Grenzen, in: *V. Götz /
H. H. Klein / Chr. Starck*, Die öffentliche Verwaltung zwischen Gesetzgebung und
richterlicher Kontrolle, 1985, S. 9/22.

Rechtsstaat fordert, daß der Gesetzgeber die mögliche und dem Regelungsgegenstand angemessene Klarheit und Bestimmtheit der Norm
anzustreben hat und – entsprechend dem Grundsatz der Gesetzmäßigkeit
der Verwaltung – diesem Gebot betont unterworfen ist, wenn er der
Exekutive Ermächtigungen zuspricht. Dem darf sich das Parlament nicht
entziehen. Auch hier aber bleibt der für sachgerechte Abwägung offene
Spielraum des Gesetzgebers bestehen, für die Regelung einer Materie nach
sachbestimmten Kriterien Generalklauseln, unbestimmte Rechtsbegriffe
und Ermessensermächtigungen zu verwenden und damit über das Maß
der Bindung der Exekutive zu befinden[23].

Wenn der Gesetzgeber die Beurteilungs- und Entscheidungsvollmacht
der Exekutive festlegt, bestimmt er zugleich die Rechtsprechungsaufgabe
der Verwaltungsgerichte. Es gibt keine inneren Gründe der sozialstaatlichen Demokratie und ihrer verfassungsrechtlichen Institutionen, die die
notwendige „Steuerungsfunktion" des Gesetzes schwächen könnten. Es
ist vielmehr eine von vielen kompetenten Stimmen getragene Auffassung,
daß die Erweiterung der Entscheidungsverantwortung der Exekutive
durch sachangemessene Gesetze in einem Zuge auch eine Stärkung der
gerichtlichen Rechtsschutzaufgabe zur Folge haben würde. Dabei ist
nicht nur an die gesetzlichen Vorschriften für Einzelfallentscheidungen zu
denken, z. B. bei Unternehmergenehmigungen mit planungsrechtlichem
Einschlag. Hier haben die in der Praxis des Bundesverwaltungsgerichts
entwickelten Grundsätze – oft in Ermangelung hinlänglicher Regelungen
des Gesetzes – den Weg gewiesen. Es sollte bei der Erweiterung der
Entscheidungsverantwortung der Exekutive auch an die gesetzliche
Ermächtigung zum Erlaß von Rechtsverordnungen gedacht werden, mit
der das politische Handeln der Regierung ins Spiel gebracht und das
arbeitsteilige Leitungssystem von Parlament und Regierung ins Werk
gesetzt werden könnte.

---

[23] *P. Badura*, Schriftliche Stellungnahme in der öffentlichen Anhörung des Aus-
schusses für Arbeit und Sozialordnung des Deutschen Bundestages zu der beabsichtigten Novellierung des § 116 AFG am 26. und 27. Februar 1986, Ausschuß-
drucks. 1103. – Eine etwas heterogene Reihe seiner Entscheidungen fortsetzend hat
das Bundesverwaltungsgericht in dem Urteil vom 19. 12. 1985 (Wyhl), DVBl.
1986, 190, die selbständige Befugnis („Vorbehalt") der Exekutive zur Wertung im
Rahmen der Konkretisierung des gesetzlichen Schutzprinzips im Atomrecht (§§ 1
Nr. 2, 7 Abs. 2 AtG) anerkannt, soweit es um die Risikovorsorge geht. „Risikoer-
mittlung und Risikobewertung gehören zur Kompetenz der Exekutive." Siehe
dazu auch *P. Badura*, Gestaltungsfreiheit und Beurteilungsspielraum der Verwaltung, bestehend aufgrund und nach Maßgabe des Gesetzes, in: Festschrift für Otto
Bachof, 1984, S. 169.

Drittens: Der sozialstaatliche Begriff des Gesetzes stellt die Eigenschaf-
ten der politischen Entscheidung und der instrumentellen Verfügung des
Gesetzgebers über Recht und Unrecht in den Vordergrund. Die seit der
Aufklärung immer mehr Boden gewinnende rationalistische Auffassung
von der gesetzgebenden Gewalt kommt darin zur Vollendung. Der
rationalistische Begriff der Gesetzgebung ist aber notwendig zugleich ein
etatistischer Begriff der Gesetzgebung.

Die abstrakte Begriffswelt des Staatsrechts, in der das Gesetz als
„Entscheidung" eines „Willens" erscheint, der mit Hilfe des Gesetzes als
seines Werkzeugs die Sozialordnung steuert oder gestaltet, in Freiheit und
Eigentum der einzelnen „eingreift" und den Prozeß der Umverteilung
nach Regeln der distributiven Gerechtigkeit nehmend und gebend ordnet,
kann als Subjekt alles dessen nur den Staat verantwortlich machen. Diese
Konstruktion, technisch durch das demokratische Mehrheitsprinzip
gestützt und normativ durch die Verfassungsbindung des Gesetzgebers
vom älteren staatsrechtlichen Positivismus unterschieden, vertraut die
gerechte Sozialordnung dem staatlich gesetzten Recht an, dem Gesetz. Es
ist eine Konstruktion, die mit der abstrakten Rechtsfigur des Staates die
politische Wirklichkeit des Parteien- und Verbändestaates und der Organisation der politischen Willensbildung durch die meinungsbildenden
Medien verhüllt.

Recht kommt nicht selbstverständlich als gerechtes und zweckmäßiges
Recht zustande, noch wird es ohne weiteres befolgt, noch kann es ohne
weiteres durchgesetzt werden.

Die Demokratie hat nicht eine von vornherein bestehende und unge-
fragte Autorität zur Verfügung, die „von oben" einfach sagt, was Recht
und Gerechtigkeit ist.

Auch die demokratischen Institutionen selbst, zuerst also die Volksvertretung, verfügen über eine derartige Autorität nicht. Im demokratischen
Parteien- und Verbändestaat kann man daher dem Gesetzgeber nicht
einfach abverlangen, er müsse bestimmte Gegenstände, z. B. das Arbeits-
kampfrecht, überhaupt, in bestimmter Weise oder zu bestimmten Zeit-
punkten regeln. Das kann politisch gefordert werden, vielleicht auch
zweckmäßig sein, kommt aber als verfassungsrechtliche Pflicht des
Gesetzgebers nur kraft eines besonderen Titels in Frage. Wer einen
solchen Titel zu haben behauptet, muß sich auf eine genaue Prüfung des
Titels gefaßt machen. Ein Beispiel könnte die Pflicht des Gesetzgebers
sein, die Freiheit des Rundfunks für öffentlich-rechtliche Rundfunkanstalten und privatrechtliche Rundfunkunternehmen zu gewährleisten.

Weil auch das gesetzgebende Parlament im Parteien- und Verbändestaat über keine selbstverständliche und unbefragte Autorität verfügt,
kann für den legislatorischen Interessenausgleich und die gesetzgeberische

Gemeinwohlfindung die Ordnungsmäßigkeit des Verfahrens regelmäßig nicht genügen, um die Anerkennung der Entscheidung zu sichern.

Das ist schon so nach der inneren Logik des politischen Prozesses in der Demokratie. Es gilt um so mehr in Anbetracht der häufig zu hörenden Einschätzung, daß die Gemeinsamkeit des Unbezweifelten, der öffentliche „Konsens", schmaler und gefährdeter wird. Die öffentliche Gemeinsamkeit des Unbezweifelten ist aber die Grundlage, auf der Verfassung, Recht und Zusammenleben beruhen. Der Zerfall dieser Grundlage muß – von allem anderen abgesehen – die Leistungsfähigkeit des Gesetzgebers in Frage stellen. Die Verfassung als Rechtsgesetz und die demokratischen Institutionen können einen in diesem Punkt nachhaltig und ernsthaft wirksamen Mangel nicht kompensieren. Die Fragen nach der demokratischen Arbeitsfähigkeit des Gesetzgebers, der Rationalität der Gesetzgebung und der Gerechtigkeit des Gesetzes lassen sich nur unter der Voraussetzung behandeln, daß die Verfassungsordnung von einer das staatliche Leben sichernden Gemeinsamkeit des Unbezweifelten gehalten wird.

Die wohlfahrtsstaatliche Beanspruchung und Überanstrengung der politischen Institutionen, das labile Gleichgewicht von Gesetzgebung, Vollziehung und Rechtsprechung infolge der Verfassungsbindung der gesetzgebenden Gewalt und der vermeintliche Etatismus der sozialstaatlichen Gesetzgebung sind die drei Blickwinkel, unter denen die parlamentarisch-parteienstaatliche Demokratie die Eigenart und die Grenzen ihrer Leistungsfähigkeit sichtbar macht. Die folgende Betrachtung soll zeigen, worin die legitimierende Kraft der Demokratie für die Gesetzgebung besteht, wie das parteienstaatliche Bewegungsprinzip der demokratischen Institutionen staatsrechtlich wirksam wird und wie sich die staatliche Gesetzgebung zur gesellschaftlichen Autonomie verhält.

2. Parlamentarismus und Parteienstaat

a) Die Legitimierung des Gesetzes durch die demokratischen Institutionen

Georg Jellinek meinte, keine politische Einrichtung sei „so sehr auf Fiktionen und der Wirklichkeit nicht entsprechenden Idealtypen aufgebaut... wie die Volksrepräsentation". Es bestehe eine mehr oder minder weite Kluft zwischen „jenem juristischen, durch die Repräsentation verfassungsmäßig gebildeten Volkswillen" und dem faktischen Willen von Gruppen oder Minderheiten[24].

---

[24] G. Jellinek, Verfassungsänderung (Anm. 20), S. 64.

Den geschichtlichen Erfolg und die staatsrechtliche Wirksamkeit der Demokratie und der Legitimierung von Gesetz und Recht durch die demokratischen Institutionen kann man in der Tat nicht erklären, wenn der Gesetzesbefehl auf der einen Seite und der faktisch registrierbare Wille konkreter Menschen zu einem bestimmten Zeitpunkt auf der anderen Seite miteinander verglichen werden. Diese Methode weist einen Weg, der gerade an den Erscheinungen und Vorstellungen vorbeiführt, die der parlamentarischen Demokratie Überzeugungskraft und Lebensfähigkeit geben. Der Satz „Alle Staatsgewalt geht vom Volke aus" und seine staatsrechtliche Wirklichkeit in der parlamentarischen Demokratie beruhen auf der politischen Freiheit, der staatsbürgerlichen Gleichheit, der Organisation der politisch wirksamen Interessen und der Anerkennung des verfassungsmäßig geordneten politischen Prozesses. Das Volk, der Volkswille und die parlamentarische Repräsentation durch die Volksvertretung sind existent, wirksam und verbindlich nur in den verfassungsmäßigen Institutionen und Verfahren der Demokratie. Was Jellinek „Fiktion" nennt, ist das aufgelöste Rätsel des demokratischen Staatsrechts, nicht erst seit der Gründung der Weimarer Republik, sozusagen als Not- und Verstandesstaat in Abwesenheit der monarchisch-konstitutionellen Vernunft. Es gibt wenige Rechtsideen, die mit solcher Übereinstimmung und Nachhaltigkeit seit der Antike immer wieder durchdacht und bekräftigt worden sind, wie das Prinzip, daß das Volk als Gemeinschaft der freien Bürger die Quelle des Rechts und das ursprüngliche Subjekt der gesetzgebenden Gewalt ist. Die jeweiligen Umstände der konkreten Geschichtlichkeit und der staatsrechtlichen Verwirklichung dieses Prinzips sind außerordentlich verschieden, die epochenübergreifende Tradition und Überzeugungskraft des Grundgedankens darf dennoch ausgesprochen werden. Denn die Legitimität der Verfassung und des heutigen Verfassungsstaates[25] lassen sich auf andere Weise nicht begründen als durch das Prinzip der Verständigung, des Interessenausgleichs, des „Vertrages". Zum Beleg dessen möchte ich die Gedanken und Worte von drei großen Autoren der staatsphilosophischen Tradition zu Hilfe nehmen.

Der erste Autor des neuzeitlichen Staatsdenkens, Marsilius von Padua, schreibt in seinem Denfensor Pacis (1324) – die Wahrheit und den Rat des Aristoteles anrufend –, daß das Volk der Gesetzgeber oder die causa legis ist, sei es durch die universitas civium, sei es durch den gewählten oder sonst die Gesamtheit repräsentierenden „ausschlaggebenden Teil" (valen-

---

[25] *Th. Würtenberger*, Die Legitimität staatlicher Herrschaft, 1973; *ders.*, Legitimität, Legalität, in: *O. Brunner / W. Conze / R. Koselleck* (Hrsg.), Geschichtliche Grundbegriffe, Bd. 3, 1982, S. 677 ff.

cior pars)[26]. Marsilius von Padua folgt der mittelalterlichen Staatslehre,
daß das Volk die oberste Herrschaftsgewalt besitzt und sie unter gewissen
Voraussetzungen auf den Fürsten überträgt, ohne aber dabei die ihm als
natürliches Recht zukommende Souveränität aufzugeben. Hauptinhalt
dieser Herrschaftsgewalt ist in der fortschreitenden Entwicklung der
politischen Herrschaft zunehmend die Gesetzgebung; so gewinnt die
Theorie die Oberhand, daß das Volk der eigentliche Gesetzgeber ist[27].

Der einflußreichste Theoretiker des modernen Verfassungsstaats, John
Locke, versteht unter der Legislative „die gemeinschaftliche Gewalt eines
jeden Gliedes der Gesellschaft, die jener Person oder Versammlung
übergeben ist, die der (verfassungsmäßig berufene) Gesetzgeber ist". Er
sieht in der Einrichtung der gesetzgebenden Gewalt das Hauptstück der
Verfassung: „Da es das wesentliche Ziel der in die bürgerliche Gesellschaft eintretenden Menschen ist, ihre Güter in Frieden und Sicherheit zu
genießen, und da das hauptsächliche Werkzeug und Mittel dafür die
Gesetze sind, die in dieser Gesellschaft errichtet werden, ist das erste und
grundlegende positive Gesetz aller Staaten die Einrichtung der gesetzgebenden Gewalt; das ist das erste und grundlegende natürliche Gesetz, das
selbst die Legislative regiert." Zu diesem „natürlichen Gesetz" John
Lockes gehört, daß der staatsrechtlich berufene Gesetzgeber nur eine
„vom Volk delegierte Gewalt" besitzt und daß er diese ihm anvertraute
Gewalt nicht an andere weitergeben darf. „Das Volk allein kann die Form
des Staates bestimmen, und das geschieht eben durch die Begründung der
Legislative und durch eine Entscheidung darüber, in wessen Hand sie
gelegt werden soll"[28].

Immanuel Kant, dem wir den Grundriß unseres Rechtsstaatsprinzips
verdanken, rechnete zu den „metaphysischen Anfangsgründen der
Rechtslehre" den Satz: „Die gesetzgebende Gewalt kann nur dem vereinigten Willen des Volkes zukommen." Wie Rousseau, erkennt Kant im
vereinigten Willen des Volkes den vernünftigen Willen jedes einzelnen als
autonomer gesetzgebender Persönlichkeit und darum eben den überein-
stimmenden Willen aller[29]. „Alle wahre Republik aber ist und kann nichts
anderes sein als ein repräsentatives System des Volks, um im Namen

---

[26] Defensor Pacis, dictio I, cap. XII, §3, nach der Ausgabe von *Richard Scholz*,
1932.
[27] *J. Barion*, Grundlinien philosophischer Staatstheorie, 1986, S. 59 und 62 (zur
Lehre des Nikolaus von Cues).
[28] Two Treatises of Civil Government, book II, chap. XI, par. 134, 135, 141.
[29] *G. Holstein / K. Larenz*, Staatsphilosophie, 1933, S. 95 ff.; *R. Zippelius*,
Geschichte der Staatsideen, 5. Aufl., 1985, S. 146 ff.

desselben, durch alle Staatsbürger vereinigt, vermittelst ihrer Abgeordne-
ten... ihre Rechte zu besorgen"[30].

Das „Volk", dessen „vereinigter Willen" in einem „repräsentativen
System" verkörpert wird und als Gesetzgeber zur Wirksamkeit gelangt,
war damals die bürgerliche Gesellschaft, die nach dem Muster der französischen Revolution eine „Nationalrepräsentation" forderte. Die heutige
demokratische Massengesellschaft ist durch andere soziale und kulturelle
Vorstellungen und Interessen gekennzeichnet und dementsprechend ist
auch das „repräsentative System des Volkes", das in den staatsrechtlichen
Einrichtungen des Grundgesetzes verfassungsmäßig geordnet ist, von
anderem Geblüt. Die Schlagworte des „Parteienstaates", des „Verbändestaates" und der fundamentaldemokratischen „Partizipation" markieren
die ideologischen und organisatorischen Lebenslinien der heutigen Gesetzgebungsgewalt.

Die „Legitimierung" der Gesetze, auf die sich die heutige Staatsord-
nung verlassen muß, hat eine institutionelle und eine substantielle Seite:

- Die Bindung der Gesetzgebung an die Verfassung bedeutet institutionell, daß ein im Einklang mit der Verfassung erlassenes Gesetz aus
der Verfassung eine normative Rechtfertigung erhält: Der verfas-
sungsmäßige Gesetzesbefehl kann von Rechts wegen Gehorsam in
Anspruch nehmen.
- Die sachliche Entscheidung und Regelung des Gesetzes, von der
Volksvertretung in politischer Gestaltungsfreiheit getroffen, wäre als
legaler Gesetzesbefehl der parlamentarischen Mehrheit substantiell
nicht mehr als eine obrigkeitliche Anordnung, wenn das Gesetz nicht
auch eine innere Verbindung mit den großen und dauernden Bestrebungen und Vorstellungen der Gesellschaft[31] aufwiese. Dies zu
bewirken, ist die produktive Aufgabe der Parteien und der Verbände
in der parlamentarischen Gesetzgebung. Ein Element dieser substan-
tiellen Verbindung des Gesetzesinhalt mit den gesellschaftlichen
Grundtendenzen dürfte auch jene „praktische Vernunft" sein, zu der
das Bundesverfassungsgericht in einem schwierigen Fall seine
Zuflucht genommen hat[32].

b) Parteienstaatlicher Parlamentarismus

Zu den parteien- und verbändestaatlichen Arbeitsbedingungen der
parlamentarischen Demokratie gehört es, daß das Gesetz zwar nach Form

---

[30] Metaphysik der Sitten, Erster Teil: Metaphysische Anfangsgründe der
Rechtslehre (1797), §§ 46, 52.
[31] S. Low, The Governance of England, rev. ed. 1914, S. XIV, 116 ff.
[32] BVerfGE 49, 89/140 ff.

18

und Technik als ein Akt obrigkeitlicher Entscheidung ergeht, als ein Vorgang der vernunftgeleiteten Rechtserzeugung eines einheitlichen Subjekts, des Staates, aber in der Sache weitgehend durch Prozesse des sozialen Drucks, des Interessenausgleichs und des Kompromisses geprägt wird. Dieses praktische Erscheinungsbild der Gesetzgebung begünstigt systemtheoretische Deutungen, wie sie etwa in folgender Charakterisierung durch Klaus König zu finden ist: „Gesetzgebung als politischer Prozeß unterliegt den Anforderungen der Konfliktregulierung, für die die Interessenbefriedigung von größerem Gewicht ist als Gesichtspunkte einer systematischen, eindeutigen und vollzugsgeeigneten Programmgestaltung. Profilierungs- und Opportunitätserwägungen der Politik können ebenso eine Rolle spielen wie das Perfektionsstreben der Fachkundigen im Parlament, in den Ministerialverwaltungen und der Verbandsbürokratie"[33].

Die Instanzen der Konfliktregulierung, die in der formellen Ordnung der parlamentarischen Demokratie und des parlamentarischen Regierungssystems den politischen Prozeß bestimmen, sind die Parteien. Die Parteienstaatsdoktrin hat den Status der Parteien in der verfassungsrechtlichen Institutionenordnung neu definiert[34]. Sie hat die besondere Aufgabe der Parteien im Verhältnis zu den organisierten Interessen nach wie vor im Vorhof des Staatsrechts belassen.

Der erneute Verfassungsstreit über die Parteienfinanzierung hat die amphibische Stellung der politischen Parteien in Gesellschaft und Staat grell beleuchtet. Die für diesen Status wesentlichen Kriterien[35] sind:

– Das Recht auf gleichberechtigte Teilhabe an der politischen Willensbildung des Volkes im Sinne des Art. 21 GG, gestützt auf das Verfassungsprinzip der Staatsfreiheit der Parteien und das daraus folgende grundsätzliche Verbot einer staatlichen Parteienfinanzierung.

– Das Gebot der Neutralität des Staates gegenüber der freien politischen Meinungs- und Willensbildung und, daraus folgend, die Zweckbindung öffentlicher Mittel für das gemeine Wohl und das Verbot, staatliche Mittel zugunsten oder zu Lasten der politischen Parteien in „parteiergreifender" Weise einzusetzen.

---

[33] *K. König* aaO. (Anm. 9), S. 4.
[34] Hierzu und im folgenden sind einige Gedanken herangezogen, die der Verfasser in der mündlichen Verhandlung über den Verfassungsstreit wegen der Globalzuschüsse an die politischen Stiftungen im Haushaltsgesetz 1983 vor dem Bundesverfassungsgericht am 19. März 1986 vorgetragen hat.
[35] Vgl. BVerfGE 20, 56; 41, 399; 44, 125; 52, 63; 63, 230; 69, 92; BVerfG DÖV 1983, 153 mit Anm. von *H. H. von Arnim*.

Der verfassungsrechtliche Status der Parteien ist durch den Bezug zu
den Institutionen der parlamentarischen Demokratie gerechtfertigt, aber
auch darauf beschränkt. Soweit dieser Status reicht, genießen die Stellung
und die Betätigung der Parteien in dem vielgestaltigen Prozeß der freien
politischen Meinungs- und Willensbildung eine sie teils begünstigende,
teils beschränkende Position außerhalb der Sphäre der grundrechtlichen
Freiheit. Hier – und nur hier – sind die Parteien nicht privatrechtlich
bestimmte Vereine, sondern notwendige „Organe" des Verfassungslebens
mit besonderen Rechten und Pflichten. Im übrigen aber bleibt es dabei,
daß die Parteien sich in dem parteienrechtlich nicht restringierten Bereich
des Gesellschaftlichen und der allgemeinen politischen Freiheit bewegen.
Alles andere läge in der vom Bundesverfassungsgericht verworfenen
„logischen Konsequenz eines radikal zu Ende gedachten Parteienstaates"[36].
Die Verfassung kennzeichnet den Anteil der Parteien an der Demokratie mit den Worten, daß sie bei der politischen Willensbildung des Volkes
mitwirken (Art. 21 Abs. 1 GG). Wenn die „politische Willensbildung des
Volkes" einschließlich der Ausübung von Staatsgewalt (Art. 20 Abs. 2
GG) mit der neutralisierenden Formel „politischer Prozeß" bezeichnet
wird, werden Subjekt der Politik und Verantwortung für politisches
Handeln etwas versteckt. Das Kernstück auch der demokratischen Verfassung ist aber die durch sie geordnete und gebundene Politik. Im
Parteienstaat muß es also auf das politische Handeln der Parteien ankom-
men. Was die Gesetzgebung betrifft, kann deren Vitalität und Qualität
demnach nur durch die Parteien der Regierungsmehrheit und deren
politisches Handeln hervorgebracht werden.
Der Aufstieg des Parteienstaates gehört nicht weniger zur geschichtlichen Logik der parlamentarischen Demokratie wie die Prädominanz der
sozialen Staatsaufgabe. Beide Triebkräfte sind zugleich die entscheiden-
den Faktoren der fortdauernden Veränderung der Demokratie und des
Parlamentarismus.
Diese Veränderung betrifft weniger die parlamentarischen Institutionen
und deren Arbeitsweise. Sie betrifft vielmehr zuerst den Zugang der
wirtschaftlichen und sozialen Interessen zum politischen Prozeß und ihre
Durchsetzungsfähigkeit in der Gesetzgebung und in der Rechtsordnung.
Die Kernfrage des entwickelten demokratischen Verfassungsstaates ist die
Ordnung des Wirtschaftslebens und des Verteilungskampfes der organi-
sierten Interessen.
Die etablierten Gruppen des Parteien- und Verbändestaates können
allerdings die Vielfalt und Beweglichkeit der politischen Bestrebungen

---

[36] BVerfGE 11, 266/273.

und der kulturellen Vorstellungen nicht befriedigend in sich aufnehmen. Diesen Mangel, der unvermeidlich für alle institutionellen Ordnungen gilt, hat eine mehr oder minder krasse „Partizipationslücke" zur Folge. Je weniger der einzelne in den demokratischen Wahlen und in der parlamentarisch-parteienstaatlichen Volksvertretung den Akt seiner Zustimmung wiedererkennt, desto mehr verlagert sich – den Verfassungsstaat auflösend – das Partizipationsbedürfnis auf pluralistische oder fundamentaldemokratische Machtprozesse.

Es handelt sich in der Tat um Machtprozesse mit einer selbständigen Legitimität und nicht nur um periphere Störfälle oder Irritationen des Kultur- und Geisteslebens. In diesen pluralistischen und fundamentaldemokratischen Machtprozessen zeigen sich die Grenzen des Parteienstaates und der nicht-etatistische Grundzug der Demokratie[37].

c) Staatliche Gesetzgebung und gesellschaftliche Autonomie

Die auf Interessenausgleich und Konfliktregulierung angelegte, gleichsam kontraktuelle Substanz der demokratischen Gesetzgebung hat die Nebenwirkung, daß die Verabschiedung oder Verhinderung von Gesetzen zum Werkzeug parteienstaatlichen Wettbewerbs um die Erhaltung oder den Gewinn von Regierungsmacht wird. Im Kampf um bestimmte Gesetze müssen sich die Parteien zur Sicherung ihrer Wahlchancen als möglichst erfolgreiche Promotoren bestimmter Interessen bewähren und

---

[37] Die Auslegung der Versammlungsfreiheit als Freiheitsgarantie für die Teilnahme an der demokratischen Meinungs- und Willensbildung in politischen Veranstaltungen, besonders durch Demonstrationen, läßt sich deutlich dadurch bestimmen, daß „der Demonstrant seine Meinung in physischer Präsenz, in voller Öffentlichkeit und ohne Zwischenschaltung von Medien kundgibt", also unmittelbar, unvermittelt und ursprünglich zu handeln scheint (vgl. BVerfGE 69, 315/343; 345, 346). Diese Stilisierung und Überhöhung einer Handlungsweise, bei der „das argumentative Moment zurücktritt, welches die Ausübung der Meinungsfreiheit in der Regel kennzeichnet", begünstigt tatsächlich weniger den politisch aktiven einzelnen als diejenigen Gruppen, die in der Demonstration ein geeignetes Werkzeug außerinstitutioneller Aktion sehen und die in der Regel die Veranstaltung einer Demonstration organisatorisch ermöglichen. Wenn die Versammlungsfreiheit dennoch als „unmittelbarster Ausdruck der menschlichen Persönlichkeit" angesehen und ihr damit auf der Linie der „personalen" Grundrechtslehre des BVerfG – im Widerspruch zu Art. 8 Abs. 2 GG – ein gesteigerter Schutz gegen den Gesetzgeber und gegen die Exekutive zugesprochen wird (BVerfGE 69, 315/344, 345 ff., 348 f.), wird der „Persönlichkeit" ein verfassungsrechtlich neuartiger politischer Wesenszug eingeschrieben. Der einzelne findet sich so als Teil eines „Vektors" im Kräfteparallelogramm der politischen Willensbildung wieder, für den das Grundrecht auch dahin sorgt, daß er „einigermaßen kräftig entwickelt" ist (siehe BVerfGE 69, 315/346).

auch allgemein ihre Durchsetzungsfähigkeit erweisen. Der Streit um die Novellierung des § 116 AFG ist dafür ein naheliegendes Beispiel.

Die für die Parteien nur zu einem geringen Teil beherrschbaren Bedingungen des parteienstaatlichen Wettbewerbs um den Wahlerfolg setzen der Vorstellung der staatlichen Sozialgestaltung durch Recht eine Grenze. Nicht alle gesellschaftlich erheblichen Interessen, wohl aber eine ganze Reihe der großen Interessengruppen können ihren Einfluß zumindest im Sinne des Verhinderns, Aufhaltens oder Verwässerns, natürlich auch im Sinne der vernünftigen Änderung oder Verbesserung eines Gesetzesvorhabens aufbieten. Dieser pluralistische Effekt zeigt, daß die Vorstellung einer gemeinwohlbezogenen Überformung des Interessenstandpunkts durch die Parteien nur eine eingeschränkte Tragweite haben kann. Das systemtheoretische Programm der Bindung des politischen Prozesses an akzeptierte Rationalitätskriterien ist in diesem Punkt realistischer.

Das Bild wäre nicht vollständig, wenn nur die politische und interessenabhängige Substanz des äußerlich staatlichen Vorgangs der Gesetzgebung bedacht würde. In breiten Feldern hat die Verfassung selbst eine der Autonomie von Gruppen oder Sozialbereichen zugeordnete „nichtstaatliche" Rechtsetzung zugelassen oder sogar gewährleistet. Der historisch bedeutendste Bereich sind die Kirchen und sonstigen Religionsgesellschaften. Andere Bereiche mögen heute juristisch eine größere Aufmerksamkeit beanspruchen. In beträchtlichem Umfang sind nach dem Grundgesetz und den Landesverfassungen Angelegenheiten öffentlichen Interesses Selbstverwaltungskörperschaften oder -einrichtungen zur selbständigen Regelung überlassen, z. B. den kommunalen Gebietskörperschaften (Art. 28 Abs. 2 GG), den Universitäten und Fakultäten (Art. 5 Abs. 3 GG) und den Rundfunkanstalten (Art. 5 Abs. 1 Satz 2 GG), oder der autonomen Übereinkunft sozialer Mächte zugestanden, wie insbes. in der Tarifautonomie des kollektiven Arbeitsrechts (Art. 9 Abs. 3 GG).

Diese Fälle nichtstaatlicher Rechtsetzungsvollmacht sind – wenn auch kraft verfassungsrechtlicher Notwendigkeit – durch gesetzliche Autonomiebegründung geschaffen oder zumindest anerkannt[38]. Auch besteht für sie, nicht anders wie sonst, die rechtsstaatliche und demokratische Garantiefunktion des Gesetzes[39]. Diese autonome Regelungsgewalt ist also nicht etwa „staatsfrei" und auch nicht etwa grundsätzlich der Gesetzgebungsgewalt der parlamentarischen Volksvertretung entzogen. Dennoch ist es ihr Sinnprinzip, für die „eigenen Angelegenheiten" bestimmter politischer, wirtschaftlicher, sozialer, kultureller oder publizistischer Lebensbereiche

---

[38] BVerfGE 44, 322 für die Tarifautonomie.
[39] BVerfGE 33, 125/156 ff. für die Satzungsautonomie einer berufsständischen Körperschaft. – Chr. Starck, Autonomie und Grundrechte, AöR 92, 1968, S. 449.

eine selbstbestimmte Regelungsmacht einzusetzen oder zuzulassen. Das zeigt den grundlegenden Unterschied zur Delegation von Verordnungsgewalt.

Die Verfassung ordnet die Autonomie der Universitäten und der Rundfunkanstalten einem Grundrecht zu. Damit wird verfassungsrechtlich der Schutz individueller Freiheit in diesen Bereichen zum Ausgangspunkt für die Abmessung der autonomen Regelungsgewalt und für die Abgrenzung gegenüber der staatlichen Gesetzgebung. Aus dem Grundrecht ergibt sich weiter für die jeweils in Schutz genommene Autonomie eine Gewährleistungspflicht des Gesetzgebers, gestärkt durch die verfassungsgerichtliche Wesentlichkeitstheorie, aber gegenläufig auch der Anspruch der Autonomiesubjekte, in einem lebenskräftigen Umkreis freier Selbstbestimmung und Gestaltung durch den Staat, und damit durch den Gesetzgeber, respektiert zu werden.

Die hier aufgeworfenen Fragen juristischer Konstruktion haben großes Gewicht, sind aber doch im letzten nur Epiphänomene grundsätzlicher sachlicher und verfassungspolitischer Streitpunkte. Die drei genannten Autonomiebereiche sind zentrale Entwicklungs- und Kampffelder der heutigen Gesellschaftsordnung:

- die Wissenschaft, Forschung und Technologie, gestützt auf die Universitäten und wissenschaftlichen Hochschulen;
- der Rundfunk und die von ihm erfaßten „Neuen Medien" als ein Kernstück der öffentlichen Meinung und der medialen Kommunikation;
- die Koalitionen als Faktoren der sozialen Selbstverwaltung und als Parteien der Kampf- und Ausgleichsordnung des Tarifvertragssystems.

Es ist sicher kein Zufall, daß gerade diese Bereiche zu den juristisch unsichersten Zonen der politischen und staatsrechtlichen Auseinandersetzung gehören. Die – ohnehin sehr lakonische – Verbürgung der grundrechtlichen Freiheit, auf die sich das Grundgesetz beschränkt, trifft unter dem Blickwinkel der Autonomie die ausschlaggebenden Fragen der Organisation und der Kompetenzabgrenzung nur einseitig. Bei der Rundfunkfreiheit ist die Suche nach den Berechtigten bis heute noch nicht abgeschlossen. Bei der Koalitionsfreiheit erweist sich die kollektive Seite dieses „Doppelgrundrechts" im Bündnis mit der „positiven" Individualfreiheit häufig als die stärkere Verfassungsposition.

Die hier auszutragenden Streitfälle sind zuerst natürlich solche in der Sache. Sie sind oft weit entfernt von den gewohnten Schlachtfeldern des „Eingriffs in Freiheit und Eigentum". So wird etwa für die Rundfunkfreiheit gefragt:

Kann das privatwirtschaftliche Prinzip – unabdingbare Voraussetzung einer freien Presse – für den Rundfunk eine neue und eigene Kraft publizistischer Gestaltung aufbieten?

Oder fügt es den auch im privaten Rundfunk wirksam bleibenden Fronten und Faktoren nur das weitere Element des kommerziellen Interesses hinzu?

Oder es wird für die Koalitionsfreiheit gefragt:

Kann die Funktionsfähigkeit des Tarifvertragssystems durch die Erweiterung der unternehmerischen Mitbestimmung beeinträchtigt werden?

Ist die Neutralitätspflicht der Bundesanstalt für Arbeit nur gesichert, wenn die sozialversicherungsrechtlichen Ansprüche solcher Arbeitnehmer ruhen, die in einem Arbeitskampf mittelbar betroffen sind, aber von dem Ausgang des Arbeitskampfes einen Vorteil für ihre Arbeitsbedingungen erwarten können?

Kann die Arbeitskampffreiheit der Koalitionen im Interesse der Gleichgewichtigkeit des Tarifvertragssystems oder zur Wahrung des Gemeinwohls beschränkt werden?

Das sind Fragen des Verfassungsrechts und der Rechtspolitik, also an den Gesetzgeber, obwohl sie bisher überwiegend nur oder zuerst von Gerichten behandelt worden sind.

Die in den Autonomiebereichen auszutragenden Streitfälle sind aber nicht nur solche in der Sache. Für die Arbeitsweise und Leistungsfähigkeit der parlamentarischen Demokratie ist noch wichtiger, wie weit hier die Verantwortung und die Regelungsvollmacht des Gesetzgebers reicht und reichen kann. Das ist eine staatsrechtliche Hauptfrage der Gesetzgebung in der parteienstaatlichen Demokratie. Denn die Autonomiebereiche sind zu einem erheblichen Teil von organisierten Interessen besetzt – und diese verbändestaatliche Realität ist eine praktische Konsequenz der grundrechtlichen Freiheit. Die Parteien dagegen stoßen hier auf eine zum Teil auch verfassungsrechtlich bewehrte Schranke der Penetration. Die abstrakte Formel der staatlichen Sozialgestaltung durch Gesetz verdeckt hier ein verfassungsrechtlich nur durch wenige Leitplanken abgestecktes Gebiet, in dem sich die parteienstaatliche Demokratie gegenüber dem pluralistischen Zugriff oder Einfluß behaupten muß. Das kann sie nur, wenn sie die ihr eigentümliche Kraftquelle der politischen Freiheit nachhaltig zu mobilisieren vermag. Nur dann werden auch die Gesetze der parteienstaatlichen Demokratie jene von Montesquieu gesuchten „notwendigen Beziehungen" ausdrücken, „die aus der Natur der Dinge hervorgehen".

Anlage

Prüffragen für Rechtsvorschriften des Bundes*

I. Es ist das Ziel der Bundesregierung, das Recht zu vereinfachen und Überreglementierungen zu vermeiden. Deshalb hat jeder, der an der Meinungsbildung über ein Regelungsvorhaben beteiligt ist, nicht nur sich, sondern auch den anderen Beteiligten Fragen zur Notwendigkeit, Wirksamkeit und Verständlichkeit des beabsichtigten Vorhabens zu stellen.

Es sind insbesondere folgende Fragen zu prüfen:

1. *Muß überhaupt etwas geschehen?*
2. *Welche Alternativen gibt es?*
3. *Muß der B u n d handeln?*
4. *Muß ein G e s e t z gemacht werden?*
5. *Muß j e t z t gehandelt werden?*
6. *Ist der Regelungsumfang erforderlich?*
7. *Kann die Geltungsdauer beschränkt werden?*
8. *Ist die Regelung bürgernah und verständlich?*
9. *Ist die Regelung praktikabel?*
10. *Stehen Kosten und Nutzen in einem angemessenen Verhältnis?*

Der Bundesminister des Innern und der Justiz stellen hierzu einen Fragenkatalog zur Verfügung.

II. Jeder Bundesminister stellt für seinen Verantwortungsbereich sicher, daß alle Rechtsetzungsvorhaben in jedem Stadium sowohl als Gesamtvorhaben als auch in ihren Einzelregelungen anhand der Fragen zur Notwendigkeit, Wirksamkeit und Verständlichkeit geprüft werden.

III. Der Bundesminister der Justiz prüft im Rahmen der Rechtsförmlichkeitsprüfung die ihm zugeleiteten Gesetz- und Verordnungsentwürfe auch anhand der genannten Fragen. Entsprechendes gilt für die übrigen Bundesminister im Rahmen ihrer fachlichen Zuständigkeiten. Dies gilt ferner für den Chef des Bundeskanzleramtes und die

---

* Beschluß der Bundesregierung vom 11. Dezember 1984.

Bundesminister, soweit ihnen die Entwürfe zur Vorbereitung einer Kabinettentscheidung zugehen.

Meinungsverschiedenheiten, die nicht ausgeräumt werden können, sind in der Besprechung der beamteten Staatssekretäre zu beraten.

IV. Bedeutsame Fragen, die sich bei der Notwendigkeitsprüfung ergeben haben, sind in der Begründung zu behandeln.

V. Die Bundesminister des Innern und der Justiz berichten der Bundesregierung Anfang 1986 über Erfahrungen mit der Prüfung von Rechtsetzungsvorhaben auf Notwendigkeit, Wirksamkeit und Verständlichkeit. Sie nehmen dabei auch zu der Frage Stellung, inwieweit die GGO II geändert werden sollte.

— · —

Bundesminister des Innern/Bundesminister der Justiz:

Prüffragen zur Notwendigkeit, Wirksamkeit und Verständlichkeit von Rechtsetzungsvorhaben des Bundes

1. Muß überhaupt etwas geschehen?

1.1 Was soll erreicht werden?

1.2 Woher kommen die Forderungen; welche Begründungen werden genannt?

1.3 Wie ist demgegenüber die gegenwärtige Sach- und Rechtslage?

1.4 Welche Mängel sind festgestellt worden?

1.5 Welche Entwicklungen, z. B. in Wirtschaft, Wissenschaft, Technik und Rechtsprechung, stehen mit dem Problem in einem besonderen Zusammenhang?

1.6 Wie hoch ist die Zahl der Betroffenen und der zu lösenden praktischen Fälle?

1.7 Was geschieht, wenn nichts geschieht?
(z. B. das Problem wird sich voraussichtlich verschärfen; ... unverändert bleiben; ... sich durch Zeitablauf oder durch Selbstregulierung gesellschaftlicher Kräfte ohne staatliche Einwirkung lösen. Mit welchen Folgen?)

2. Welche Alternativen gibt es?

2.1 Was hat die Problemanalyse ergeben: Wo liegen die Ursachen des Problems? Welche Faktoren können beeinflußt werden?

2.2 Mit welchen generell geeigneten Handlungsinstrumenten kann das angestrebte Ziel vollständig oder mit vertretbaren Abstrichen erreicht werden?

(z. B. auch: Maßnahmen zur wirksamen Anwendung und Durchsetzung vorhandener Vorschriften; Öffentlichkeitsarbeit, Absprachen, Investitionen, Anreizprogramme; Anregungen und Unterstützen einer zumutbaren Selbsthilfe der Betroffenen; Klärung durch die Gerichte)

2.3 Welche Handlungsinstrumente sind insbesondere unter Berücksichtigung der folgenden Gesichtspunkte am günstigsten?

a) Aufwand und Belastungen für Bürger und Wirtschaft

b) Wirksamkeit (u. a. Treffsicherheit, Grad und Wahrscheinlichkeit der Zielerreichung)

c) Kosten und Ausgaben für öffentliche Haushalte

d) Auswirkungen auf den vorhandenen Normenbestand und geplante Programme

e) Nebenwirkungen, Folgewirkungen

f) Verständnis und Annahmebereitschaft von Adressaten und Vollzugsträgern.

2.4 Bei welchem Vorgehen können neue Vorschriften vermieden werden?

3. *Muß der B u n d handeln?*

3.1 Kann das Handlungsziel – ganz oder teilweise – von Ländern, Kommunen oder anderen staatlichen Stellen mit Hilfe der ihnen zur Verfügung stehenden Mittel erreicht werden?

3.2 Warum muß der Bund tätig werden? (z. B. womit wird die Notwendigkeit zur Wahrung der Einheitlichkeit der Lebensverhältnisse nach Art. 72 Abs. 2 Nr. 3 GG begründet?)

3.3 Wie weit müssen die Kompetenzen des Bundes ausgeschöpft werden?

4. *Muß ein G e s e t z gemacht werden?*

4.1 Unterliegen die zu regelnden Gegenstände dem Vorbehalt des Gesetzes (unter Berücksichtigung der Wesentlichkeitstheorie)?

4.2 Ist der Regelungsgegenstand aus anderen Gründen so bedeutsam, daß die Regelung dem Parlament vorbehalten bleiben sollte?

4.3 Soweit kein förmliches Gesetz erforderlich ist: Muß die Regelung in einer Rechtsverordnung getroffen werden? Warum genügt nicht eine Verwaltungsvorschrift oder evtl. die Satzung einer Bundeskörperschaft?

5. *Muß j e t z t gehandelt werden?*

5.1 Welche Sachverhalte und Zusammenhänge müssen noch erforscht werden?

Warum muß gleichwohl schon jetzt eine Regelung getroffen werden?

5.2 Warum kann vorhersehbarer Änderungs- und Regelungsbedarf – z.B. mit gestaffeltem Inkrafttreten – nicht noch abgewartet und in demselben Rechtsetzungsverfahren zusammengefaßt werden?

6. Ist der Regelungsumfang erforderlich?

6.1 Ist der Entwurf frei von entbehrlichen Programmsätzen oder Planungszielbeschreibungen?

6.2 Kann die Regelungstiefe (Differenzierung und Detaillierung) durch eine allgemeinere Fassung (Typisierung, Pauschalierung, unbestimmte Rechtsbegriffe, Generalklauseln, Einräumen von Ermessen) beschränkt werden?

6.3 Können Details einschließlich absehbarer Änderungen dem Verordnungsgeber (Länder oder Bund) überlassen oder in Verwaltungsvorschriften aufgenommen werden?

6.4 Sind dieselben Fälle bereits anderweitig, insbesondere durch höherrangiges Recht, geregelt (vermeidbare Doppelregelungen!)? Z.B. durch

– transformierten, unmittelbar geltenden völkerrechtlichen Vertrag?

– Verordnung der Europäischen Gemeinschaft?

– Bundesgesetz (gegenüber erwogenen Bundesverordnungen)

– Rechtsverordnung (gegenüber erwogenen allg. Verwaltungsvorschriften).

6.5 Gibt es eingeführte technische Regeln (DIN o. ä.) über denselben Regelungsgegenstand?

6.6 Welche schon bestehenden Regelungen werden durch die geplante Vorschrift berührt? Können sie entfallen?

6.7 Ist aus Anlaß einer anstehenden Novellierung der Regelungsumfang auch über den konkreten Änderungsbedarf hinaus überprüft worden?

7. Kann die Geltungsdauer beschränkt werden?

7.1 Wird die Regelung nur für eine vorhersehbare Zeitspanne benötigt?

7.2 Ist eine befristete „Regelung auf Probe" vertretbar?

8. Ist die Regelung bürgernah und verständlich?

8.1 Wird die neue Regelung auf das Verständnis und die Annahmebereitschaft der Bürger treffen?

8.2 Warum sind vorgesehene Einschränkungen von Freiräumen oder Mitwirkungspflichten unverzichtbar? z.B.:

– Verbote, Genehmigungs- und Anzeigepflichten,

- persönliches Erscheinen bei Behörden,
- Antragstellungen, Auskunfts- und Nachweispflichten,
- Strafen oder Geldbußen,
- sonstige Belastungen.

Sind sie durch geringere Belastungen ersetzbar?

z. B.: Anzeigepflicht statt Verbot mit Erlaubnisvorbehalt.

8.3 Inwieweit können Anspruchsvoraussetzungen oder behördliche Genehmigungs-/Bewilligungsverfahren mit denen in anderen Rechtsbereichen abgestimmt und auf ein Minimum an Aufwand und Zeitbedarf reduziert werden?

8.4 Können die Betroffenen die vorgesehene Regelung hinsichtlich Wortwahl, Satzbau, Satzlänge, Länge der Einzelvorschrift, Systematik, Logik, Abstraktion verstehen?

9. *Ist die Regelung praktikabel?*

9.1 Reicht eine vertragsrechtliche, haftungsrechtliche oder sonstwie zivilrechtliche Regelung aus, damit ein Verwaltungsvollzug vermieden werden kann?

9.2 Warum kann auf neue behördliche Kontrollen und Einzelakte der Verwaltung (oder die Einschaltung eines Gerichts) nicht verzichtet werden?

9.3 Sind die gewählten Vorschriften direkt befolgbar? Lassen sie einen möglichst geringen Bedarf an Einzelakten der Gesetzesausführung erwarten?

9.4 Können verwaltungsrechtliche Gebots- und Verbotsnormen mit den vorhandenen Mitteln durchgesetzt werden?

9.5 Kann auf besondere Vorschriften über Verfahren und Rechtsschutz verzichtet werden? Warum reichen die allgemeinen Vorschriften nicht aus?

9.6 Warum kann auf
a) Zuständigkeits- und Organisationsregelungen
b) neue Behörden, beratende Gremien
c) Mitwirkungsvorbehalte
d) Berichtspflichten, amtliche Statistiken
e) verwaltungstechnische Vorgaben (z. B. Vordrucke)
   nicht verzichtet werden?

9.7 Welche Behörden oder sonstigen Stellen sollen den Vollzug übernehmen?

9.8 Welche Interessenkonflikte sind bei den Vollzugsträgern zu erwarten?

9.9 Wird den Vollzugsträgern der erforderliche Handlungsspielraum eingeräumt?

9.10 Wie ist die Meinung der Vollzugsträger-/behörden zur Klarheit des Regelungszwecks und zum Vollzugsauftrag?

9.11 Ist die geplante Regelung unter Beteiligung der Vollzugsträger vorab erprobt worden (Planspiele)?
   – Warum nicht?
   – Mit welchem Ergebnis?

10. Stehen Kosten und Nutzen in einem angemessenen Verhältnis?

10.1 In welcher Höhe ist eine Kostenbelastung der Adressaten oder sonst Betroffener zu erwarten? (u. U. schätzen oder zumindest Art und Umfang grob beschreiben)

10.2 Kann die zusätzliche Kostenbelastung den Adressaten – insbesondere kleinen und mittleren Unternehmen – zugemutet werden?

10.3 In welcher Höhe entstehen zusätzliche Kosten und Ausgaben für die Haushalte von Bund, Ländern und Kommunen?
   – welche Deckungsmöglichkeiten bestehen für die zusätzlichen Kosten?

10.4 Sind Kosten-Nutzen-Untersuchungen durchgeführt worden?
   – Warum nicht?
   – Zu welchem Ergebnis haben sie geführt?

10.5 Auf welche Weise sollen Wirksamkeit, Aufwand und evtl. Nebenwirkungen der Regelung nach Inkrafttreten ermittelt werden?

– . –

www.ingramcontent.com/pod-product-compliance
Lightning Source LLC
Chambersburg PA
CBHW050649190326

41458CB00008B/2482